BEI GRIN MACHT SICH IHR WISSEN BEZAHLT

- Wir veröffentlichen Ihre Hausarbeit, Bachelor- und Masterarbeit

- Ihr eigenes eBook und Buch - weltweit in allen wichtigen Shops

- Verdienen Sie an jedem Verkauf

Jetzt bei www.GRIN.com hochladen und kostenlos publizieren

Data Mining. Grundlagen und Verfahren mit praktischem Bezug

Victoria Chemnitz

Bibliografische Information der Deutschen Nationalbibliothek:

Die Deutsche Nationalbibliothek verzeichnet diese Publikation in der Deutschen Nationalbibliografie; detaillierte bibliografische Daten sind im Internet über http://dnb.d-nb.de abrufbar.

ISBN: 9783346632036
Dieses Buch ist auch als E-Book erhältlich.

Druck und Bindung: Books on Demand GmbH, Norderstedt Germany
Gedruckt auf säurefreiem Papier aus verantwortungsvollen Quellen

Das vorliegende Werk wurde sorgfältig erarbeitet. Dennoch übernehmen Autoren und Verlag für die Richtigkeit von Angaben, Hinweisen, Links und Ratschlägen sowie eventuelle Druckfehler keine Haftung.

Das Buch bei GRIN: https://www.grin.com/document/1189884

Hausarbeit

Data Mining

Hochgeladen am 31. Januar 2022 im E-Campus
Von: Victoria Chemnitz

Modul: Business Intelligence & Analytics
Studiengang: Finance, Accounting, Controlling & Taxation (M. Sc.)

Inhaltsverzeichnis

Abkürzungsverzeichnis

Bela	–	Bartels-Langness Handelsgesellschaft mbH & Co. KG
bspw.	–	beispielsweise
CRISP-DM	–	Cross Industry Standard Process for Data Mining
ggf.	–	gegebenenfalls
KDD	–	Knowledge Discovery in Databases
o. g.	–	oben genannte
s.	–	siehe
S.	–	Seite
Vgl.	–	Vergleiche
z. B.	–	zum Beispiel

Abbildungsverzeichnis

Anhangsverzeichnis

1 Einleitung

In der heutigen Zeit, die geprägt ist von der voranschreitenden Digitalisierung und die einem schnellen Wandel unterliegt, verfügen Unternehmen über eine Fülle von Daten mit vielfältigen Informationen über Kunden, Wettbewerber, das weitere Unternehmensumfeld sowie das Unternehmen selbst. Daten können inzwischen als ein wertvoller Rohstoff angesehen werden, der heutzutage so rasant wächst wie kein anderer. Experten[1] der International Data Corporation schätzen, dass sich das Datenvolumen weltweit alle zwei Jahre fast verdoppelt.[2]

Durch die zunehmende Digitalisierung von Wirtschaft und Gesellschaft werden Analysen und Prognosen ökonomischer Trends immer wichtiger. Da betriebliche Prozesse eng mit Daten vernetzt sind, können sich mit ihrer Hilfe außerdem große Optimierungspotenziale von Prozessen oder Produkten, und somit von Wettbewerbsvorteilen insgesamt ergeben. Folglich nehmen Daten eine zentrale Rolle ein und sind ein unverzichtbarer Rohstoff für Unternehmen. Im Gegensatz zu anderen Rohstoffen, die aufgezehrt werden, besteht bei ihnen zudem die Besonderheit, dass ihre Menge mit rasanter Geschwindigkeit immer weiterwächst.

1.1 Fragestellung

Um diese Masse an Daten sinnvoll verarbeiten zu können, müssen die Daten so vorliegen, dass die richtigen Informationen erkannt, strukturiert, analysiert und weiterverwendet werden können. Das Problem ist heute meist nicht mehr, an die Daten heranzukommen und sie zu speichern, sondern diese zu strukturieren, relevante Informationen aus ihnen zu ziehen und sie letztlich effektiv für das Unternehmen zu nutzen, sprich, mithilfe des generierten Wissens die richtigen Entscheidungen zu treffen.

Damit also tatsächlich ein Mehrwert aus den Daten gewonnen werden kann, müssen Trends und Korrelationen herausgefiltert werden, um interessantes Wissen ableiten zu können. Ein Nutzen entsteht dabei jedoch nur, wenn das Wissen auch relevant ist, das heißt, das Unternehmen muss in der Lage sein, Wichtiges von Unwichtigem zu trennen. Zur Identifikation von Trends, Korrelationen und generell von Mustern dient das Data Mining. Beim Data Mining werden statistische und mathematische Verfahren oder Algorithmen auf die Daten angewendet. Diese Verfahren bzw. Algorithmen können die Muster identifizieren, dadurch Trends vorhersagen, Regeln aufstellen und Empfehlungen geben.

---

[1] In der folgenden Arbeit wird aus Gründen der besseren Lesbarkeit ausschließlich die männliche Form verwendet. Sie bezieht sich auf Personen aller Geschlechter.
[2] Vgl. *Gantz/Reinsel* (2012)

Diese Hausarbeit beschäftigt sich mit Data Mining und dessen Verfahren. Fragen, die sich stellen und im Verlauf der Arbeit thematisiert werden sollen, lauten:

- Was ist unter Data Mining zu verstehen?
- Welche Methoden und Verfahren des Data Mining existieren?
- Wie sähe eine Nutzung von Data Mining-Verfahren in einer Organisation wie der Bartels-Langness Handelsgesellschaft mbH & Co. KG (kurz: Bela) aus?
- Welche Vor- und Nachteile können sich für die Bela durch die Nutzung ergeben und wieso?

1.2 Zielsetzung

Um das in Daten verborgene Wissen nutzen zu können, müssen also große Datenbestände nach Hinweisen auf hilfreiches Wissen durchsucht werden. Durch geeignete Verfahren kann es extrahiert und auf Relevanz geprüft werden.

Das Ziel dieser Arbeit liegt darin, auf die o. g. Fragen einzugehen und somit einen Überblick über das Thema Data Mining und dessen vielfältige Verfahren zu bekommen. Es sollen Beispiele zur Nutzung von Data Mining-Verfahren bei der Bartels-Langness Handelsgesellschaft dargestellt werden und auf entsprechende Vor- und Nachteile eingegangen werden.

1.3 Aufbau der Arbeit

Zu Beginn dieser Arbeit werden theoretische Grundlagen des Data Mining betrachtet, um zu definieren, was unter Data Mining zu verstehen ist. Die Begriffe Big Data und Data Mining werden erläutert und anschließend mehrere Methoden und Verfahren des Data Mining aus verschiedenen Disziplinen dargestellt.

Anschließend werden im dritten Kapitel für die Organisation Bartels-Langness Handelsgesellschaft mbH & Co. KG verschiedene Beispiele zur Nutzung von Data Mining-Verfahren dargestellt. Dabei wird auch auf die konkreten Vor- und Nachteile der Nutzung von Data Mining für das Unternehmen eingegangen. Im vierten Kapitel finden eine kurze Diskussion und Reflexion der behandelten Themen statt. Mit einem Fazit und kurzen Ausblick endet die Hausarbeit in Kapitel fünf.

2   Theoretische Grundlagen des Data Mining

Zu Beginn soll im folgenden Abschnitt definiert werden, was unter Data Mining zu verstehen ist, in welchem Kontext es einzuordnen ist und welche Methoden und Verfahren des Data Mining existieren.

2.1   Begriffserklärung Data Mining

Data Mining nimmt insbesondere aufgrund der immer größer werdenden Datenmengen, bekannt unter dem Begriff Big Data, an Bedeutung zu. Laut einer Prognose der International Data Corporation wird das Volumen der jährlich generierten digitalen Datenmengen weltweit von 33 Zettabyte im Jahr 2018 auf etwa 175 Zettabyte im Jahr 2025 steigen.[3] Gründe für das starke und rasante Wachstum der Daten sind technologische Entwicklungen wie eine schnellere Datenerzeugung durch die zunehmende Digitalisierung von Wirtschaft und Gesellschaft, außerdem eine fast grenzenlose Datenkapazität sowie eine breite Durchdringung effektiver Datenverwaltung in Organisationen.[4]

Unter dem Begriff Big Data wird das Phänomen verstanden, dass das Volumen der Daten („Volume"), die Geschwindigkeit des Generierens, Verarbeitens und Speicherns von Daten („Velocity"), sowie die Heterogenität der Datenquellen und -typen („Variety") in den letzten Jahren stark zugenommen hat.[5] Die weiteren Merkmale von Big Data, die sich mit den „Fünf V's" beschreiben lassen, sind die Datenqualität, sprich die Glaubwürdigkeit, Gültigkeit und Wahrhaftigkeit der Daten („Veracity") sowie der Mehrwert („Value") für die Unternehmen.[6]

Dass das Thema Big Data von hoher Aktualität und Relevanz ist, unterstreicht außerdem eine Umfrage, bei der Geschäftsführer und Vorstände von 604 deutschen Unternehmen mit mehr als 20 Mitarbeitern befragt wurden: Drei von vier der Unternehmen sehen in Big Data Technologie eine wettbewerbsentscheidende Schlüsseltechnologie. Mit ihr lassen sich große Datenmengen analysieren und viele unterschiedliche Dateiformate in hoher Geschwindigkeit verarbeiten. Neben anderen Technologien wie künstlicher Intelligenz oder Internet of Things haben die befragten Unternehmen das größte Interesse an Big Data: 57 Prozent nutzen diese Technologien bereits oder planen bzw. diskutieren deren Einsatz.[7]

---

[3] Vgl. *Seagate* (2018)
[4] Vgl. *Kohlhammer et al.* (2010), zitiert nach: *Kohlhammer/Proff/Wiener* (2016), S. 316
[5] Vgl. *Brühl* (2019), S. 2
[6] Vgl. *CompuSafe Data Systems AG* (2016)
[7] Vgl. *Bitkom e. V.* (2018)

Abbildung 1: Big Data – Bei sechs von zehn Unternehmen an erster Stelle

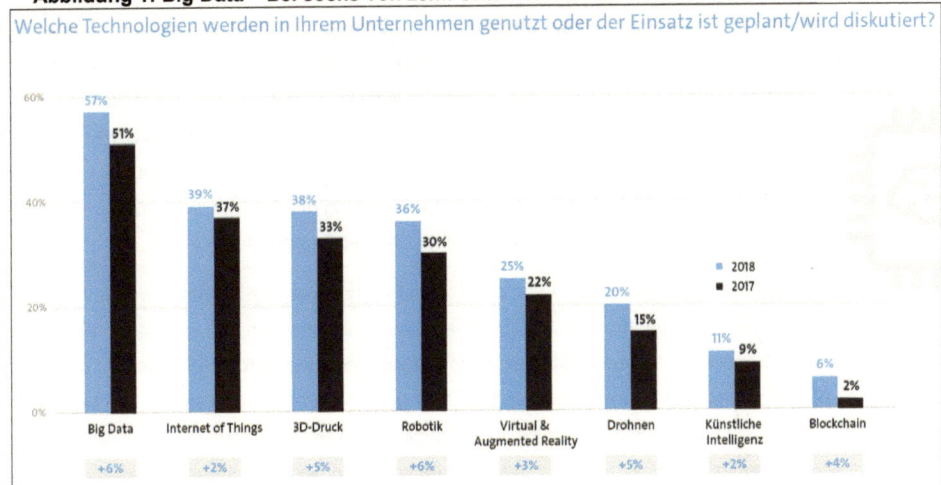

Quelle: *Bitkom e. V.* (2018).

Data Mining lässt sich in den Sammelbegriff Business Intelligence mit einordnen, welcher für Technologie steht, die die Datenaufbereitung, das Data Mining, das Datenmanagement sowie die Datenvisualisierung ermöglicht.[8] Business Intelligence verfolgt das Ziel, mittels Gewinnung und Bereitstellung von Wissen aus externen und internen Datenquellen neue Informationen zu generieren, die das Management bei operativen und strategischen Fragestellungen unter der Berücksichtigung der Unternehmensziele unterstützt.[9]

Der Begriff Data Mining selbst bezeichnet den systematischen, mathematisch-statistischen Umgang mit Daten, welcher darauf abzielt, Muster und Zusammenhänge in den großen Datenmengen zu finden.[10] Von der Special Interest Group on Knowledge Discovery and Data Mining der Association for Computing Machinery wird Data Mining definiert als eine Wissenschaft der Extraktion nützlichen Wissens. Dies geschieht mithilfe von Computertechnologien aus umfassenden digitalen Datenbeständen.[11]

Data Mining ist Teil eines umfänglicheren Prozesses, der Knowledge Discovery in Databases (KDD) genannt wird. Geprägt wurde dieser Begriff durch Fayyad, der ihn wie folgt definiert:

„KDD is the nontrivial process of identifying valid, novel, potentially useful, and ultimately understandable patterns in data".[12]

---

[8] Vgl. *IBM Deutschland GmbH* (o. J.)
[9] Vgl. *Harwardt/Mielebacher* (2018), S. 12
[10] Vgl. *Tiedemann* (2020)
[11] Vgl. *Olavsrud* (2021)
[12] *Fayyad/Piatetsky-Shapiro/Smyth* (1996), S.40-41

Beim KDD handelt es sich somit um einen nichttrivialen Prozess, dessen Ziel es ist, Muster aus großen Datenbeständen zu extrahieren, die für einen großen Teil des Datenbestandes gültig sind und bisher unbekannte, nützliche und verständliche Zusammenhänge innerhalb des Datenbestandes beschreiben.[13] Die Begriffe Data Mining und Knowledge Discovery in Databases (KDD) werden häufig gleichgesetzt, wobei dies nicht ganz korrekt ist. KDD ist ein umfassenderer Prozess, der die Methoden des Data Mining zwar einschließt, darüber hinaus aber noch weitere Aufgaben beinhaltet, wie die Vorbereitung der Daten, die Überprüfung auf Überschneidungen in den Daten und die Visualisierung der Ergebnisse.[14]

Eine unüberlegte Anwendung allein von Data Mining-Algorithmen zur Extraktion von Mustern aus Rohdaten kann gefährlich sein. KDD umfasst daher weitere Schritte, welche notwendig sind, um tatsächlich sicherzustellen, dass Informationen generiert werden, die nützlich, gültig, neuartig und verständlich sind.[15] Aufgrund der sehr großen Datenmengen nimmt man bei der Anwendung von Data Mining-Verfahren aber eine geringere Genauigkeit in Kauf, um dennoch in angemessener Zeit und mit angemessenem Aufwand ein geeignetes und weiterhelfendes Ergebnis zu erhalten.[16]

Die reine Datenmustererkennung durch Data Mining-Verfahren ist im betrieblichen Umfeld, bspw. in Handelsunternehmen, noch nicht ausreichend. Eine Analyse führt noch nicht zu betriebswirtschaftlichen Vorteilen, die den Aufwand dafür rechtfertigen können. Daher ist es nach Berry und Linoff notwendig, auf die Muster einzugehen, indem Daten in Informationen, Informationen in Handlungen und die Handlungen letztlich in tatsächlichen Nutzen bzw. Erträge umgesetzt werden. Diesen Ansatz nennen die Autoren den „Virtuous Cycle of Data Mining".[17]

Die gewonnenen Erkenntnisse machen es somit möglich, Probleme im Unternehmen zu lösen und Risiken zu reduzieren, neue Chancen zu ergreifen sowie zukünftige Entwicklungen vorauszusagen, um auf der Grundlage dieser Prognosen fundierte Entscheidungen zu treffen.[18] Weitere Vorteile, die sich durch Data Mining ergeben, sind, dass sich Umsätze steigern lassen, Kundensegmente und -präferenzen besser verstanden werden, neue Kunden akquiriert sowie deren Loyalität erhöht werden. Kreditrisiken werden einfacher identifiziert und Cross-Selling optimiert. Durch Data Mining werden Geschäftsentscheidungen insgesamt stärker auf Basis von Business Intelligence und weniger auf Grundlage des Bauchgefühls getroffen.[19]

---

[13] Vgl. *Chamoni* (2021)
[14] Vgl. *Wuttke* (o. J.)
[15] Vgl. *Reuß/Zwiesier* (2006), S. 204-205
[16] Vgl. *Fayyad/Piatetsky-Shapiro/Smyth* (1996), S. 45
[17] Vgl. *Berry/Linoff* (2004), S. 22
[18] Vgl. *Talend Germany GmbH* (2021)
[19] Vgl. *Talend Germany GmbH* (2021)

Eingesetzt wird Data Mining vor allem in verschiedenen Bereichen der Wirtschaft und in der Forschung, z. B. in der Produktentwicklung, im Vertrieb und Marketing, im Gesundheits- und Bildungswesen.[20] Charakteristische Aufgaben des Data Mining sind die Erkennung von Ausreißern, Fehlern oder Änderungen, die Clusteranalyse, Klassifikation, Assoziations- und Regressionsanalyse und die Zusammenfassung der Datensätze zu kompakten Beschreibungen ohne wesentlichen Verlust von Informationen.[21]

Es dienen unterschiedlichste Datenquellen als Ausgangspunkt für das Data Mining, bspw. betrieblichen Daten, Daten aus sozialen Netzwerken, Daten des E-Commerce, Standortdaten oder Daten von Überwachungsanlagen. Daten, die ausgewertet werden sollen, können somit sehr unterschiedlich sein. Manche sind als Datensätze in Datenbanktabellen gespeichert, andere in Form von Bildern, Videos oder Texten.[22]

Data Mining von großen Datenmengen basiert auf der Analyse von großen und meist strukturierten Datenbeständen.[23] Daten können strukturiert, semistrukturiert oder unstrukturiert vorliegen, wobei man schätzt, dass ca. 90% der Daten weltweit unstrukturiert sind. Aus diesem Grund stellt der Umgang mit unstrukturierten Daten eine große Herausforderung für Verfahren des Data Mining dar.[24] Außerdem ist die Datenqualität, also die Eignung der Daten zur Nutzung bei festgelegten Verwendungszielen, relevant. Sie lässt sich in mehrere Aspekte unterteilen: Glaubwürdigkeit, Nützlichkeit, Interpretierbarkeit und Schlüsselintegrität.[25]

In der Literatur wird der Data-Mining-Prozess in unterschiedlichen Prozessmodellen dargestellt. Die Phasen unterscheiden sich dabei etwas, jedoch bleibt der Inhalt bei allen ähnlich. Eine idealisierte Darstellung des Data-Mining-Prozesses, die als weit verbreiteter Ansatz den Prozess standardisiert, ist CRISP-DM (Cross Industry Standard Process for Data Mining). Der Prozess unterteilt sich in sechs Teilschritte: *Business Understanding* (das Problem verstehen und Ziele definieren), *Data Understanding* (relevante Datenquellen ermitteln), *Data Preparation* (Vorverarbeitung, Bereinigung und Transformation der Daten), *Modeling* (Anwendung der Data Mining-Verfahren), *Evaluation* (Überprüfung und Interpretation der Ergebnisse in Bezug auf die gesetzten Ziele) und *Deployment* (Planung des weiteren Einsatzes des Data Mining Modells).[26]

---

[20] Vgl. *Talend Germany GmbH* (2021)
[21] Vgl. *Tiedemann* (2020)
[22] Vgl. *Harwardt/Mielebacher* (2018), S. 103
[23] Vgl. *Ahrend* (2017), S. 27
[24] Vgl. *Harwardt/Mielebacher* (2018), S. 104
[25] Vgl. *Ahrend* (2017), S. 31
[26] Vgl. *Harwardt/Mielebacher* (2018), S. 110-111

Abbildung 2: Cross Industry Standard Process for Data Mining

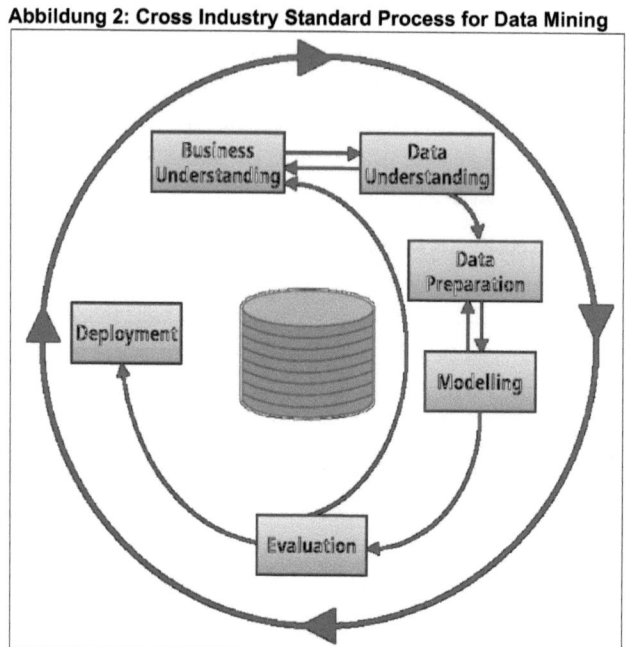

Quelle: *Chapman et al.* (2000).

In den jeweiligen Teilschritten sind Aktivitäten etabliert, die zur kontinuierlichen Verbesserung dienen. Somit bilden Data Mining Vorhaben wiederkehrende Aufgaben, die die Rolle eines Hilfsmittels zur Erreichung der Unternehmensziele einnehmen und nie rein ihrer selbst willen durchgeführt werden.[27]

2.2 Methoden und Verfahren des Data Mining

Nachdem der Begriff Data Mining definiert und in seinem Kontext eingeordnet wurde, sollen im Folgenden verschiedene Methoden und Verfahren des Data Mining vorgestellt werden. Data Mining nutzt Verfahren aus verschiedenen Disziplinen wie Statistik, künstliche Intelligenz und Machine Learning[28], aber auch Datenbanksystemen, Visualisierung, Mathematik, Multivariate Statistik, Linguistik oder Bildanalyse.[29]

Die Data Mining-Methoden lassen sich grob in vier Kategorien unterteilen: Klassifikation, Prediction bzw. Vorhersage, Segmentierung und Assoziation.[30] Die Klassifikation sucht nach

---

[27] Vgl. *Harwardt/Mielebacher* (2018), S. 115
[28] Vgl. *Klass* (2019), S. 267
[29] Vgl. *Harwardt/Mielebacher* (2018), S. 102
[30] Vgl. *Tiedemann* (2020)

Mustern anhand eines Klassifikationsmerkmals, die Prognose sagt Werte für die Zukunft vorher, die Gruppierung findet Segmente und Gruppen in einem Datenbestand und die Assoziation sucht und beschreibt die Abhängigkeiten zwischen Merkmalen. Dabei zählen die Data Mining-Methoden bzw. -Aufgabentypen der Klassifikation und Prognose zu den Potenzialaufgaben und die der Gruppierung und Assoziation zu den Beschreibungsaufgaben:[31]

Abbildung 3: Data Mining-Verfahren

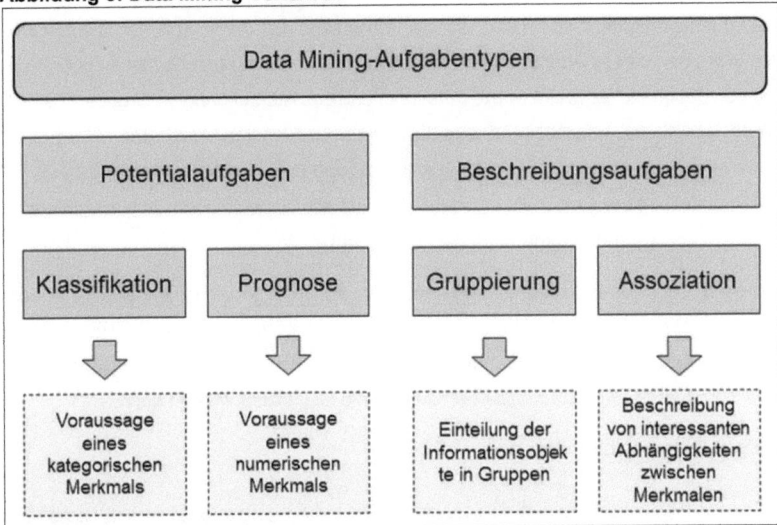

Quelle: *Wuttke* (o. J.).

2.2.1 Klassifikation

Methoden und Verfahren aus der Kategorie Klassifikation ordnen Datensätze aufgrund von Entscheidungsregeln einer Klasse zu. Sie suchen anhand eines Klassifikationsmerkmals nach Mustern in den auszuwertenden Daten. Einzelne Datenobjekte werden also aufgrund vorab definierter Merkmale in bestimmte Klassen eingeordnet, die ebenfalls vorab zu definieren sind. Die Grundlage bilden Datensätze mit verschiedenen unabhängigen Merkmalen und eine abhängige Zielgröße.[32]

Durch die Einteilung in Klassen können Muster entdeckt werden, die wiederum verwendet werden, um eine Vorhersage darüber zu treffen, in welche Klasse vorliegende Daten vermutlich fallen werden. Beispielsweise bei einer Wettervorhersage kann so ermittelt werden, ob es eher bewölkt oder eher sonnig wird.[33]

---

[31] Vgl. *Wuttke* (o. J.)
[32] Vgl. *Tiedemann* (2020)
[33] Vgl. *Klass* (2019), S. 267

Zur Klassifikation zählen Data Mining-Methoden wie neuronale Netze, Bayes-Klassifikation, k-nächste Nachbarn Verfahren oder auch Entscheidungsbäume. Letztere sind Entscheidungsregeln in Form eines Baumes, die einfach und verständlich Regeln darstellen können und damit ein Vorhersagemodell darstellen. Die Regeln werden hierarchisch in einer festgelegten Reihenfolge abgearbeitet und enden mit einem Ergebnis.[34]

Anfangs gehören alle Datensätze zur Wurzel des Baumes. Dann wird das Merkmal, das den höchsten Informationsgehalt im Hinblick auf die Vorhersage der Zielvariable hat, ausgewählt. Für jeden Wert, den dieses Attribut annehmen kann, wird ein Zweig erstellt. Bei stetigen Variablen werden geeignete Schwellenwerte berechnet und das Attribut dann, in Gruppen zerlegt, als Merkmal verwendet. Anschließend wird für jeden neuen Knoten erneut das Merkmal mit dem jeweiligen höchsten Informationsgehalt selektiert und dann wieder je Wert ein Zweig erstellt. Fertiggestellt ist der Entscheidungsbaum, sobald alle letzten Knoten eindeutig für eine Klasse stehen. Diese werden dann auch Blätter genannt.[35]

Der Sinn eines Entscheidungsbaums liegt also darin, anhand von unterschiedlichen, visualisierten Zieloptionen auf konkrete Fragen zu einer finalen Entscheidung, bzw. zu einem Wert der Zielvariablen zu gelangen.[36] Folgende Abbildung zeigt, wie mit Hilfe eines Entscheidungsbaumes und dessen Regeln die Klasse der Zielvariable identifiziert werden kann:

Abbildung 4: Entscheidungsbaum

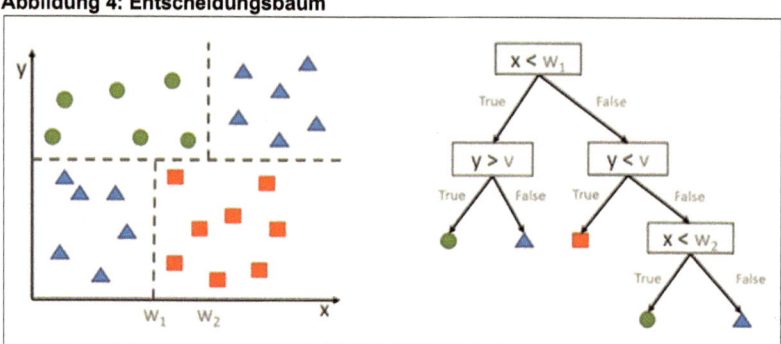

Quelle: *Aunkofer* (2017).

Aufgrund dessen, dass der Baum weiterwächst, bis die Daten eindeutig einer Klasse zugeordnet werden können, besteht die Gefahr des Overfittings. In diesem Fall sind die Modelle zu stark spezifiziert und die Übertragbarkeit auf andere Daten ist nicht mehr gewährleistet. Zwar passt sich der Entscheidungsbaum perfekt an die verwendeten Testdaten an, führt jedoch bei

---

[34] Vgl. *Novustat GmbH* (2019)
[35] Vgl. *Novustat GmbH* (2019)
[36] Vgl. *t2informatik GmbH* (o. J.)

anderen Daten zu hohen Fehlerquoten. Daher müssen Entscheidungsbäume im Nachhinein oft gekürzt werden, genannt Prunning, sodass Zweige mit wenig Informationsgehalt wieder entfernt werden.[37]

2.2.2 Prognose

Verfahren des Data Mining, die zur Kategorie der Prognose gehören, haben zum Ziel, Werte für die Zukunft vorherzusagen. Somit werden aufgrund von Vergangenheitswerten zukünftige Entwicklungen prognostiziert. Grundlage ist ein Trainings-Datensatz, mit dem sich Modelle „trainieren" lassen, die Vorhersagen über die Entwicklung abhängiger Variablen auf Basis zuvor gewonnener Erkenntnisse treffen sollen.[38]

Im einfachsten Fall handelt es sich um lineare Zusammenhänge. Dann stehen lineare Regressionen zur Verfügung. Hauptsächlich werden Prognoseverfahren eingesetzt, um Werte wie Umsatz oder Absatz bspw. für den nächsten Monat vorherzusagen und so eine bessere Planung zu ermöglichen.[39]

Wie auch bei der Klassifikation werden Beispiel- oder Trainingsdatensätze dazu genutzt, ein Modell zu trainieren, damit es Vorhersagen in der Zukunft machen kann. Hier erfolgt jedoch am Ende keine Einteilung in vorher definierte feste Klassen, sondern die Prognose ermöglicht eine Vorhersage von Werten wie Umsatz oder Kundenwert, die auch steigen und fallen können. Für die Prognose werden die Beziehungen einer abhängigen Variablen, wie z. B. Kundenwert, und einer oder mehreren unabhängigen Variablen, wie z. B. Alter oder Anzahl Bestellungen, untersucht. Insbesondere für den Handel und E-Commerce sind Absatz- und Bedarfsprognosen sehr interessant.[40]

2.2.3 Gruppierung

Data Mining-Verfahren der Gruppierung, auch genannt Clustering oder Segmentierung, gruppieren Datenobjekte einer gegebenen Objektmenge aufgrund von identifizierten Ähnlichkeiten zu mehreren homogenen Klassen.[41] Die ursprüngliche, große Datenmenge wird somit in mehrere Teilmengen, die Gruppen, unterteilt, mit dem Ziel, die Daten aufgrund von Merkmalen in möglichst ähnliche Teilmengen zu untergliedern.[42]

Bei der Gruppierung geht es, anders als bei der Prognose, nicht darum, den Wert einer Zielvariablen vorherzusagen. Stattdessen werden die Daten oder Objekte in feste Cluster eingeteilt, dessen Zuordnung eindeutig ist. Lediglich beim Fuzzy-Clustering ist nur eine unscharfe

---

[37] Vgl. *Novustat GmbH* (2019)
[38] Vgl. *Tiedemann* (2020)
[39] Vgl. *Wuttke* (o. J.)
[40] Vgl. *Wuttke* (o. J.)
[41] Vgl. *Gabriel* (2020)
[42] Vgl. *Wuttke* (o. J.)

Zuordnung möglich, da Objekte zu mehreren Clustern gehören können.[43] Ein wichtiges Einsatzfeld der Data Mining-Verfahren der Kategorie Gruppierung liegt in der Marktsegmentierung.[44]

Von der Hude unterscheidet zwei grundlegend verschiedene Verfahrensweisen im Rahmen des Clusterings: Es existieren hierarchische und partitionierende Verfahren. Bei den hierarchischen Verfahren wird die Menge aller Daten sukzessive in die Cluster unterteilt, oder die Daten werden sukzessive zu Clustern zusammengefasst. Bei den partitionierenden Verfahren hingegen wird die Menge aller Daten nach dem Zufallsprinzip in Teilmengen aufgeteilt und erst anschließend werden die Cluster dann iterativ umorganisiert, bis sie homogen sind. Das Umorganisieren erfolgt durch die Verschiebung einzelner Daten bzw. Objekte in andere Cluster.[45]

Meistens weichen die Daten einer gesamten Erhebung stark voneinander ab, sodass zunächst eine hohe Heterogenität besteht. Würde man diese Daten bspw. durch einen Mittelwert beschreiben, so wäre dieser mit einer großen Standardabweichung bzw. Varianz verbunden. Dadurch besitzt der Mittelwert als charakteristisches Maß für eine gesamte Erhebung nur eine geringe Aussagekraft. Die Aussage des Mittelwertes wird verlässlicher, je homogener die Daten sind, also je geringer die Heterogenität ist und je kleiner die Standardabweichung ist. Durch das Zusammenfassen von Objekten, z. B. von Produkten, zu Gruppen bzw. Cluster, die vergleichbar sind, kann die Erhebungsgesamtheit in mehrere homogene Gruppen zerlegt werden. Zwischen den einzelnen Gruppen besteht wiederum eine hohe Heterogenität. Folglich können die weiteren statistischen Analysen pro Gruppe vorgenommen werden, die dann deutlich verlässlichere Ergebnisse liefern. Das methodische Instrument zur Zerlegung der heterogenen Erhebungsergebnisse in homogene Gruppen ist die Clusteranalyse. Neben der Ökonomie wird sie häufig in Disziplinen wie Soziologie, Medizin und Biologie angewendet.[46]

Folgendes Beispiel von Einkommen und Alter zeigt, dass es in manchen Untersuchungen sinnvoll ist, mithilfe der Clusteranalyse erst homogene Gruppen zu bilden und diese zu analysieren, anstatt nur die Gesamterhebung zu betrachten und einen nicht aussagekräftigen Mittelwert zu generieren:

---

[43] Vgl. *von der Hude* (2020), S. 49
[44] Vgl. *Gabriel* (2020)
[45] Vgl. *von der Hude* (2020), S. 49-50
[46] Vgl. *Backhaus et al.* (2021), S. 490-492

Abbildung 5: Beispiel für eine Clusteranalyse

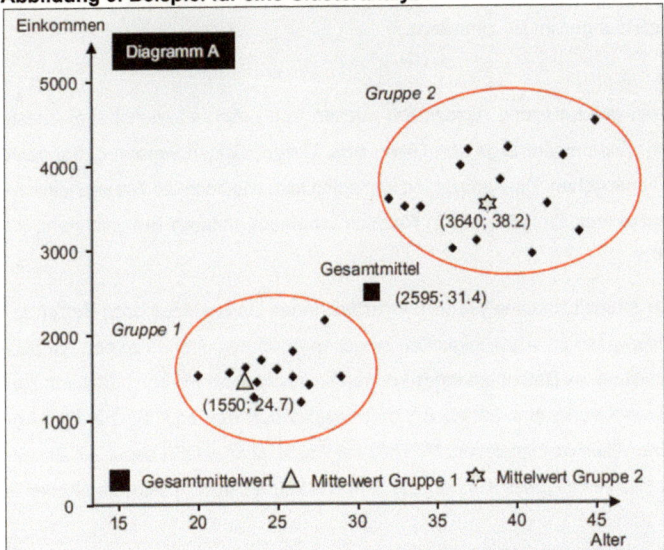

Quelle: *Backhaus et al.* (2021), S. 492.

Neben der Clusteranalyse gehören die neuronalen Netze zu den Data Mining-Verfahren der Gruppierung. Die Struktur eines künstlichen neuronalen Netzes ist dem Aufbau des menschlichen Nervensystems nachgeahmt und bildet die biologische Neuronenstruktur nach. Eine Neuronenstruktur hat die Eigenschaften, miteinander verknüpfte Neuronen als Grundeinheiten zu haben, innerhalb des Systems flexible Datenflüsse zu haben und ein autonomes Lernen zu ermöglichen. Je häufiger Signalwege verwendet werden, desto stärker werden sie. Andersherum werden wenig frequentierte Verbindungen mit der Zeit der Nutzung abgeschwächt werden.[47]

Die künstlichen neuronalen Netzwerke sind aus Neuronen, den Knoten, aufgebaut. Input Neuronen nehmen zunächst Informationen, bzw. Daten, auf, gewichten diese und leiten sie weiter an die Hidden Neuronen, welche die Reize aufnehmen und wiederum weiterleiten an die Output Neuronen, die die Reize aufnehmen und schließlich die verarbeitete, gewichtete Information ausgeben. Bevor künstliche neuronale Netze tatsächlich zum Einsatz kommen können, müssen sie angelernt werden, um möglichst zuverlässige Ergebnisse zu erlangen. Dann werden sie in verschiedenen Bereichen angewendet, bspw. für medizinische Bildanalysen,

---

[47] Vgl. *Novustat GmbH* (2020)

autonomes Fahren und Frühwarnsysteme, Wettervorhersagen, Vorhersagen von Kundenverhalten oder Kaufempfehlungen im E-Commerce.[48]

2.2.4 Assoziation

Data Mining-Verfahren der Kategorie Assoziation suchen und beschreiben Abhängigkeiten zwischen Merkmalen. Zusammenhänge von Daten bzw. Datenobjekten werden dabei nach bestimmten Regeln abgeglichen. Die Assoziation legt somit fest, wie hoch die Wahrscheinlichkeit ist, dass ein bestimmtes Ereignis, das in Relation zu einem anderen Ereignis steht, im Laufe der Zeit eintritt.[49]

Auch im Rahmen der Assoziationsanalyse wird innerhalb eines Datensatzes nach Beziehungen zwischen Variablen gesucht. Abhängigkeiten zwischen Attributen oder einzelnen Attribut-Ausprägungen innerhalb eines Datenbestandes können somit entdeckt werden und durch Regeln in der Form „Wenn X vorkommt, tritt auch Y auf" beschrieben werden.[50] Ein häufiger Anwendungsbereich sind Warenkorbanalysen. Mit Hilfe der Assoziation erfährt bspw. ein Supermarkt, wie wahrscheinlich es ist, dass Kunden, die Artikel A kaufen, auch gleichzeitig Artikel B kaufen werden.[51]

Eine Maßzahl, mit der die Stärke und Richtung des linearen Zusammenhangs zwischen quantitativen oder ordinalen (also solchen, die sortiert werden können) Merkmalen X und Y quantifiziert werden kann, ist der Korrelationskoeffizient. Besteht ein enger Zusammenhang zwischen den zwei Merkmalen, so kann man bei Kenntnis des Wertes des einen Merkmals leicht den Wert des anderen Merkmals vorhersagen.[52]

Die Regressionsanalyse kann einen numerischen Wert in Abhängigkeit der Variablen eines vorliegenden Datensatzes voraussagen, bspw. den Kaufpreis eines Gebrauchtwagens auf Basis seines Kilometerstands und weiterer variabler Merkmale.[53] Die Regression ist eine Technik, die zur Vorhersage von z. B. Aktienkursen, Temperaturen oder auch Verkäufen auf Grundlage bestimmter Datensätze verwendet wird.[54]

Mit einer Regressionsanalyse wird somit eine abhängige, stetige Variable durch mehrere unabhängige Variablen erklärt. Der Unterschied zu Verfahren der Klassifikation liegt in der Kardinalität der abhängigen Variablen. Bei einem Klassifikationsmodell liegt eine diskrete Variable vor, also eine numerische Variable, die eine begrenzte, zählbare Anzahl von Werten zwischen zwei Werten aufweisen kann. Bei einem Regressionsmodell hingegen liegt eine stetige

---

[48] Vgl. *Novustat GmbH* (2020)
[49] Vgl. *Klass* (2019), S. 267
[50] Vgl. *Chamoni* (2021)
[51] Vgl. *Tiedemann* (2020)
[52] Vgl. *von der Hude* (2020), S. 33-35
[53] Vgl. *Klass* (2019), S. 267
[54] Vgl. *Talend Germany GmbH* (2021)

Variable vor, also eine numerische Variable, die eine unendliche Anzahl von Werten zwischen zwei Werten aufweisen kann.[55]

---

[55] Vgl. *Chamoni* (2021)

3 Data Mining bei der Bartels-Langness Handelsgesellschaft mbH & Co. KG

Auch im Handel bietet Data Mining großes Anwendungspotenzial, da das Kaufverhalten der Kunden bspw. mithilfe von Warenkorbanalysen genauer untersucht werden kann und Angebote zielorientiert platziert werden können. Welche Data Mining-Verfahren bei der Bartels-Langness Handelsgesellschaft mbH & Co. KG (im Folgenden Bela genannt) zum Einsatz kommen könnten und welche Vor- und Nachteile es bei dessen Nutzung gibt, wird im Folgenden analysiert.

3.1 Bartels-Langness Handelsgesellschaft mbH & Co. KG

Die Bartels-Langness Handelsgesellschaft mbH & Co. KG gehört zur familiengeführten Bartels-Langness-Gruppe, die ihren Ursprung 1892 als Bäckereigroßhandel in Kiel hatte und deren Stammgeschäft heute im Lebensmittelgroß- und -einzelhandel liegt. Neben der Bela als Handelsgesellschaft gehören noch einige weitere Gesellschaften zur Unternehmensgruppe, u. a. die Einzelhandelsmärkte famila und Fritz Feldmann, Backring Nord, ein Fachgroßhandelsunternehmen für Bäckereien und Gastronomiebetriebe, und „Das Futterhaus", ein Zoofachhandelsunternehmen.[56]

Die Bela nimmt innerhalb der Gruppe die Funktion des zentralen Dienstleisters für verschiedene Verwaltungsaufgaben ein. Dazu gehört neben der Personalabteilung und Buchhaltung auch die IT-Abteilung. Die IT ist als Full-Service-Provider für alle Vertriebslinien tätig und setzt unterschiedlichste Anforderungen zu bspw. IT-Hardware, Softwarelösungen und Datenanalysen um. Organisiert ist die IT in mehreren Teams, wobei eines davon für Business Analytics zuständig ist, von der Anforderungsaufnahme über Entwicklung bis zur Auslieferung der Ergebnisse. Aktuell kommen immer mehr Anfragen zu Big Data Analysen, bspw. zu Korrelationen beim Kaufverhalten der Kunden von famila und Fritz Feldmann, weshalb dem Thema eine immer höhere Bedeutung zukommt.

3.2 Nutzung von Data Mining-Verfahren bei der Bela

Aufgrund der steigenden Anzahl von Anfragen und Anforderungen im Bereich Business Analytics & Business Intelligence ist es für die Bela denkbar, zukünftig Data Mining-Verfahren zu

---

[56] Vgl. Bartels-Langness GmbH & Co. KG (o.J.).

nutzen. Daher sollen im Folgenden einige Beispiele der Nutzung solcher Verfahren dargestellt werden.

3.2.1 Beispiel zur Nutzung von Entscheidungsbäumen

Wie in Kapitel 2.2.1 beschrieben, kann man auf konkrete Fragen mithilfe eines Entscheidungsbaumes zu einer finalen Entscheidung, bzw. zu einem Wert der Zielvariablen, gelangen. Im Einzelhandel bei famila und Fritz Feldmann ist es von Interesse, an den Kundenbon, der nach Abschluss des Kaufes an der Kasse gedruckt wird, einen weiteren Bon mit einem Coupon darauf anzudrucken.

Um den Coupon möglichst nah an den Vorlieben des Käufers zu orientieren, könnte der Kunde mithilfe seines gerade getätigten Einkaufs in verschiedene Klassen eingeteilt werden. Je nach Klasse sind unterschiedliche Coupons angebracht, um den Kunden für einen neuen Einkauf in diesem Supermarkt zu begeistern.

Zu Beginn, quasi in der Wurzel des Entscheidungsbaumes, sind alle Kunden, die einen Einkauf bei famila oder Fritz Feldmann tätigen. In einer ersten Unterteilung könnte man die Kunden nach Umsatz des Bons aufteilen. Liegt die Summe des Bons unter 20€, wird statt eines Coupons mit Rabatt lediglich ein extra Bon ausgegeben, auf dem Werbung für die Eigenmarken von famila bzw. Fritz Feldmann steht. Bei einem Einkauf von wiederum über 10 € kann bspw. die qualitativ hochwertigere Eigenmarke Hofgut beworben werden, bei einem Einkauf von unter 10 € die Discount-Eigenmarke jeden Tag.

Kunden mit einem Einkaufswert von über 20 € könnten weiter unterteilt werden, je nachdem, ob Artikel für Tiernahrung oder Spielzeug für Tiere gekauft wurden. Falls ja, lässt dies auf ein Haustier schließen und dem Kunden kann auf dem Bon ein Coupon für Tiernahrung der Marke xy angedruckt werden. Die anderen Kunden könnten danach weiter unterteilt werden, ob sie alkoholische Getränke kauften, oder nicht. Falls ja, könnte ein Coupon für den Kauf einer Spirituose auf den separaten Bon gedruckt werden. Die übrigen Kunden könnten pauschal einen Coupon mit einem Rabatt von 2,50 € auf den nächsten Einkauf ab 20 € erhalten, um den Baum nicht zu spezifisch zu gestalten (Stichwort Overfitting). Zum beschriebenen Sachverhalt wurde ein Entscheidungsbaum für famila und Fritz Feldmann skizziert und in Anhang 1 auf Seite V der Hausarbeit beigefügt.

Für die Bela IT als zentralen Dienstleister für famila und Fritz Feldmann ergeben sich durch die Nutzung eines Entscheidungsbaumes mehrere Vorteile. Die Regeln sind leicht zu erstellen und für die eingesetzten Systeme leicht zu lesen. Der Entscheidungsbaum lässt sich noch anpassen und schrittweise aufbauen. Außerdem können viele neue Erkenntnisse über die Kunden und dessen Kaufverhalten gewonnen werden sowie individuelle, auf den Kunden angepasste Werbemaßnahmen getroffen werden. Dies hilft dabei, Kunden an die

Supermarktketten zu binden und deren Loyalität zu erhöhen. Im Endeffekt führt dies zu höheren Absatz- und Umsatzzahlen.

Nachteile lägen für die Bela darin, dass ein ausführlicherer Entscheidungsbaum, der die Kunden noch deutlich genauer und spezifischer unterteilt, durch viele Informationen und Optionen unübersichtlich werden kann. Außerdem lässt sich nicht direkt ermitteln, ob manche Klassen, die wichtig wären, bei der Definition vergessen wurden. Zuletzt sei noch erwähnt, dass es zur Nutzung des Entscheidungsbaumes, so, wie es hier beschrieben ist, notwendig ist, die entsprechenden technischen Voraussetzungen erfüllt zu haben, sprich, die Einkaufsdaten der Kunden müssen noch vor endgültigem Abschluss des Einkaufes analysiert werden können, um dann das Ergebnis kundenindividuell auf den separaten Bon drucken zu können.

3.2.2 Beispiel zur Nutzung von Prognoseverfahren

Für die Bela als Groß- und Außenhandelsgesellschaft, aber auch für alle weiteren Vertriebslinien der Unternehmensgruppe, sind Absatz- und Bedarfsprognosen sehr interessant. Die Prognoseverfahren könnten dafür eingesetzt werden, für die nächste Woche die Absatzmengen bestimmter Artikel vorherzusagen. Insbesondere im Bereich der Frischeartikel, die eine kurze Haltbarkeit haben, ist die richtige Menge an Vorbestellung wichtig. Einerseits sollte nicht zu wenig Ware bestellt werden, um leere Lagerplätze bzw. Regale zu vermeiden, andererseits sollte nicht zu viel eingekauft werden, da die Ware nicht lange im Lager bzw. im Einzelhandel verweilen kann.

Als Trainingsdatensätze für das Prognoseverfahren könnten die Daten der vergangenen Jahre genutzt werden, um je nach Kalenderwoche, Wochentag und dem Merkmal, ob das Produkt in Werbung ist oder nicht, Vorhersagen zu ermöglichen. Weitere Kriterien, die interessant sind, sind der Preis, bei manchen Artikeln wie Eis oder Grillkohle das Wetter, oder auch Feiertage oder Fußballspiele.

Durch Anwendung von Prognoseverfahren kann die gesamte Unternehmensgruppe von einer besseren Planung der Disposition, dem genaueren Einkauf, einer effizienteren Logistik oder auch einer effektiveren Personaleinsatzplanung profitieren. Als Nachteil ist die Komplexität zu nennen. Insbesondere bei Werbeartikeln ist der Absatz von sehr vielen Faktoren abhängig, die in gegenteilige Richtungen gehen können. Bis ein Verfahren so gut ist, dass die Vorhersagen genau und zuverlässig sind, benötigt es vermutlich viele Test- bzw. Trainingsdatensätze sowie Zeit und Überprüfung.

3.2.3 Beispiel zur Nutzung von Clusteranalysen

Die Bela und Backring Nord als Großhandelsunternehmen, aber auch famila, Fritz Feldmann und Das Futterhaus als Einzelhandelsunternehmen haben ein Sortiment aus mehreren

Tausend Artikeln. Um aus dem Handel mit diesen Artikeln das meiste herauszuholen, kann es sinnvoll sein, sie mithilfe einer Clusteranalyse in mehrere Segmente einzuteilen.

Wie in Kapitel 2.2.3 beschrieben, sollten die Daten bzw. Objekte, hier also Artikel, innerhalb eines Clusters möglichst homogen sein, gegenüber den anderen Clustern gleichzeitig möglichst verschieden. Eine häufige Einteilung von Artikeln eines Sortimentes geschieht mithilfe der ABC-Analyse. In Bezug auf die Bela Unternehmensgruppe, die mit Lebensmitteln handelt, sollen die Cluster anhand von Kriterien wie Absatzmenge, Handelsspanne und Zielgruppe eingeteilt werden.

Insbesondere bei famila ist das Sortiment groß. Beispielsweise innerhalb der Warengruppe Süßigkeiten kann man z. B. Schokolade von der Discount-Eigenmarke „jeden Tag" zu einem geringen Preis, aber auch von der Marke Lindt zu einem deutlich höheren Preis kaufen. Das gesamte Sortiment umfasst Artikel, welche für einen geringen Preis stehen, Artikel, die normalpreisig und qualitativ etwas hochwertiger sind sowie Artikel, die im oberen Preis- und Qualitätssektor liegen.

Das Discount-Sortiment könnte ein Cluster darstellen, welches für niedrige Preise, eine geringe Handelsspanne, aber dafür für eine hohe Absatzmenge stehen. Mit diesen Artikeln werden Kunden angesprochen, die vor allem zu Discountern wie Aldi gehen. Ein weiteres Cluster könnten die Artikel bilden, die eine hohe Qualität, hohe Preise und auch hohe Handelsspannen haben. Ihr Absatz fällt meistens geringer aus, da es eine kleinere Gruppe von Kunden anspricht, nämlich eher die, die überdurchschnittlich viel für ihren Einkauf zahlen. Für Artikel zum Normalpreis, welcher z. B. mit Rewe vergleichbar wäre, mit guter Qualität und einem stetigen Absatz, könnte ein weiteres Cluster definiert werden.

Die Segmentierung der Artikel könnte je nach Vertriebslinie individuell vorgenommen werden. Je nachdem, auf welche Kriterien man sich fokussiert, fällt die Einteilung der Cluster verschieden aus. Statt Absatz, Spanne und Kundengruppe zu betrachten, könnte man die Artikel z. B. auch nach Merkmalen wie bio, vegan, zuckerfrei oder Fastfood einteilen. Im Bereich Lebensmittelhandel ist es außerdem üblich, die Produkte in Warengruppen einzuteilen.

Wie bei Warengruppen könnten Vorteile bei der Clusteranalyse darin liegen, dass man einen besseren Überblick über die große Menge an Artikeln bekommt. Auswertungen lassen sich je Cluster einfacher durchführen und interpretieren, als wenn man für das gesamte Sortiment Kennzahlen entwickelt. Schwierig daran ist, dass Artikel häufig mehreren Clustern zugeordnet werden können, die Segmentierung, erstrecht bei der Menge an Artikeln, somit also schnell auch wieder unübersichtlich werden kann. Geeignete Systeme und Tools sowie Knowhow sind hier elementar.

3.2.4 Beispiel zur Nutzung von Assoziationsanalysen

Die Assoziationsanalysen bzw. Warenkorbanalysen wurden in Kapitel 2.2.4 thematisiert. Insbesondere für die Vertriebslinien famila und Fritz Feldmann sind diese Analysen interessant und werden bereits zunehmend von der Bela IT durchgeführt. In den Supermärkten gehen jeden Tag eine Menge Kunden für den täglichen Bedarf an Lebensmitteln einkaufen. Je besser man das Kaufverhalten seiner Kunden kennt, desto besser lassen sich z. B. Werbemaßnahmen oder der Ladenaufbau sowie die Produktpräsentationen gestalten.

Um zu identifizieren, welche Artikel (Produkt A) mit welchen anderen Artikeln (Produkt B) häufig zusammengekauft werden, muss man die Bons der Kunden auswerten. Über diese wird ersichtlich, aus welchen Artikeln der jeweilige Warenkorb besteht. Dadurch, dass täglich mehrere tausend Kunden in den famila und Fritz Feldmann Supermärkten einkaufen gehen, kommen recht schnell sehr viele Daten zusammen.

Durch Anwendung der Assoziationsanalysen kann daher vorhergesagt werden, welche Produkte vermutlich auch gekauft werden, wenn Produkt A gekauft wird. Vorteile der Nutzung von Assoziationsanalysen sind somit eine bessere Einflussnahme auf das Kaufverhalten der Kunden, zielgerichtetere Werbemaßnahmen sind möglich und Cross-Selling sowie Up-Selling werden optimiert. Problematisch könnte sein, zu klaren, validen Erkenntnissen zu kommen. Eine Kundin könnte z. B. häufig Bananen und Käse zusammenkaufen, ohne dass die Produkte eigentlich etwas miteinander zu tun haben und entsprechende Werbemaßnahmen sinnvoll wären. Die Produkte sind lediglich jedes Mal auf dem Einkaufszettel für den Wocheneinkauf dieser Person geschrieben, um diese immer frisch im Hause zu haben.

4 Diskussion und Reflexion

In der vorliegenden Hausarbeit bestand die Aufgabenstellung darin, zunächst unter Bezugnahme auf relevante wissenschaftliche Literatur, zu definieren, was unter Data Mining zu verstehen ist. In Kapitel 2 wurde dies umfangreich getan und dabei Verfahren aus verschiedenen Disziplinen vorgestellt.

Anschließend sollte auf die Frage eingegangen werden, wie eine Nutzung von Data Mining-Verfahren in einer Organisation wie der Bartels-Langness Handelsgesellschaft mbH & Co. KG aussehen würde. Dafür wurde das Unternehmen kurz vorgestellt und dann einige Beispiele, aufbauend auf den in Kapitel zwei erarbeiteten Grundlagen, dargestellt. Zuletzt galt es noch, konkrete Vor- und Nachteile, die sich für die Bela durch die Nutzung der Verfahren ergeben können, darzustellen. Auf diese wurde immer im jeweiligen Unterkapitel eingegangen.

Insgesamt konnte in der Hausarbeit auf alle zu Beginn aufgestellten Fragen eingegangen werden und ein guter Überblick über das Thema Data Mining und dessen verschiedene Verfahren gewonnen werden. Durch Anwendung auf das Unternehmen, bzw. die Unternehmensgruppe der Bela, konnte ein praktischer Bezug geschaffen werden und auf spezifische Bedürfnisse, gerade im Kontext von Handelsunternehmen, eingegangen werden.

Die größten Herausforderungen bei der Einführung und dem Ausbau von Data Mining-Verfahren bei der Bela können sein, dass jeweils leistungsstarken Systeme notwendig sind und vor allem Mitarbeiter in der Bela IT benötigt werden, die sich mit diesem Thema gut auskennen. Wie eingangs erwähnt, ist es heutzutage weniger ein Problem, an Daten heranzukommen. Allein durch die täglichen Einkäufe bei famila und Fritz Feldmann, bzw. durch die vielen Bestellungen beim Backring Nord bzw. den Lägern der Bela Handelsgesellschaft, können Tag für Tag jede Menge Datensätze erfasst werden. Die größere Herausforderung besteht darin, mit diesen Daten entsprechend umgehend zu können und die (bspw. in 3.2.1-3.2.4 genannten) Data Mining-Verfahren richtig anzuwenden, um valide und relevante Informationen zu Wissen verwandeln zu können, welches dem jeweiligen Management der Unternehmen aus der Bela Unternehmensgruppe als Grundlage für betriebliche Entscheidung dienen können.

5 Fazit und Ausblick

Im Kontext der Analyse von immer mehr Daten aus unterschiedlichsten Big Data-Quellen und der Frage nach dem Mehrwert der Business-Intelligence-Lösungen für Unternehmen erlebt Data Mining nicht nur jetzt, sondern auch noch zukünftig ein stark wachsendes Interesse.[57] Die Daten an sich, aber auch die IT-Architektur eines Unternehmens bilden eine wichtige Schlüsselressource der Geschäftsmodelle.

In Zukunft wird Data Mining und dessen Verfahren tendenziell noch mehr Bedeutung zukommen, da immer mehr Unternehmen durch die immer schneller wachsenden Datenmengen im Unternehmensumfeld geeignete Methoden brauchen, damit sie die Daten zielführend analysieren können und relevantes Wissen erzeugen können.

Auch die gesamte Unternehmensgruppe der Bela wird ein immer höheres Interesse am Einsatz geeigneter Data Mining-Verfahren haben. Mithilfe der verschiedenen Methoden gewinnen Unternehmen Erkenntnisse aus Big Data, durch die bessere Entscheidungen und Maßnahmen im Geschäftsmodell ermöglicht werden. Zieht man hier als Unternehmen nicht mit, entgehen einem wichtige Möglichkeiten, Wettbewerbsvorteile zu generieren. Allein durch das Treffen von Entscheidungen nach Erfahrungen bzw. Bauchgefühl können vermutlich weder der Umsatz bedeutend gesteigert noch Kunden so effektiv akquiriert und gebunden werden.

Für die gesamte Wirtschaft bedeuten die aktuellen Veränderungen, dass der Digitalisierung eine vermehrte Aufmerksamkeit geschenkt werden sollte. Unternehmen sollten sich entsprechend ausrüsten, nicht zu vergessen dabei die Mitarbeiter, die entsprechendes Knowhow bzw. Schulungen benötigen. Nur mit entsprechender Vorbereitung und der angemessenen IT-Infrastruktur kann die heutige Flut an Daten tatsächlich als ein wertvoller, wettbewerbsfördernder Rohstoff angesehen und verwendet werden. Denn zu beachten gilt – das Wachstum der Menge an Daten wird weiter zunehmen und der Umgang mit Ihnen somit nicht einfach leichter.

---

[57] Vgl. *Bange* (2016), S. 124-125

Anhang

Anhang 1: Entscheidungsbaum für Kunden von famila und Fritz Feldmann

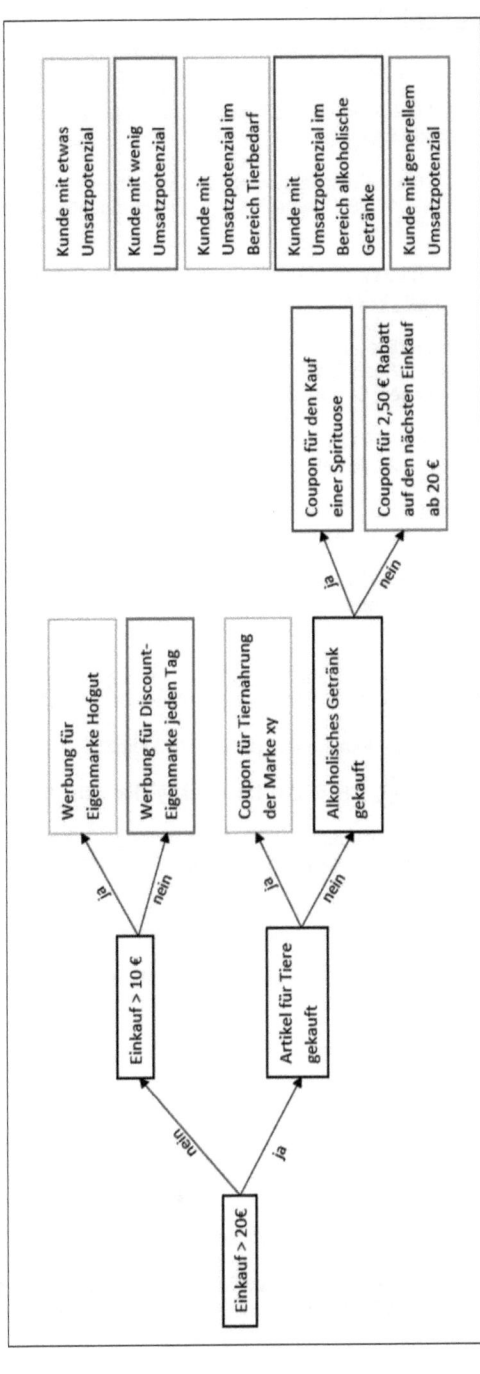

Quelle: Eigene Darstellung.

Literaturverzeichnis

Ahrend, K.-M. (2017), Business Intelligence und Geschäftsmodelle. Studienbrief der SRH Fernhochschule, Riedlingen.

Aunkofer, B. (2017), Entscheidungsbaum-Algorithmus ID3. In: https://data-science-blog.com/blog/2017/08/13/entscheidungsbaum-algorithmus-id3/, abgerufen am 24.01.2022.

Backhaus, K. et al. (2021), Multivariate Analysemethoden: Eine anwendungsorientierte Einführung, 16. Aufl., Wiesbaden.

Bange, C. (2016), Werkzeuge für analytische Informationssysteme. In: *Gluchowski, P./Chamoni, P.* (Hrsg.), Analytische Informationssysteme: Business Intelligence-Technologien und -Anwendungen, 5. Aufl., Berlin, S. 97-126.

Bartels-Langness GmbH & Co. KG (o. J.), Unternehmensbroschüre „Erfolgreich im Handel.". In: https://www.bela.de/kataloge/Bela-Broschuere/, abgerufen am 10.05.2021.

Berry, M. J. A./Linoff, G. S. (2004), Data Mining Techniques: For Marketing, Sales, and Customer Relationship Management, 2. Aufl., Indianapolis.

Bitkom e. V. (2018), Big Data steht bei sechs von zehn Unternehmen an erster Stelle. In: https://www.bitkom.org/Presse/Presseinformation/Big-Data-steht-bei-sechs-von-zehn-Unternehmen-an-erster-Stelle.html, abgerufen am 30.10.2021.

Brühl, V. (2019), Big Data, Data Mining, Machine Learning und Predictive Analytics: Ein konzeptioneller Überblick, CFS Working Paper Series, Nr. 617.

Chamoni, P. (2021), Data Mining. In: https://bit.ly/3JmbZ5P, abgerufen am 28.12.2021.

Chapman, P. et al. (2000), CRISPDM 1.0. Step-by-step data mining guide.

CompuSafe Data Systems AG (2016), Big Data – Die fünf Vs. In: https://www.compusafe.de/big-data-die-fuenf-vs/, abgerufen am 24.01.2022.

Harwardt, M./Mielebacher, J. (2018), Business Intelligence – IT-seitige Grundlagen. Studienbrief der SRH Fernhochschule, Riedlingen.

Fayyad, U./Piatetsky-Shapiro, G./Smyth, P. (1996), From Data Mining to Knowledge Discovery in Databases, AI Magazine, 17. Jg., Nr. 3, S. 37-54.

Gabriel, R. (2020), Clustering. In https://bit.ly/3HjD9Jo, abgerufen am 28.12.2021.

Gantz, J./Reinsel, D. (2012), The digital universe in 2020: Big Data, Bigger Digital Shadows, and Biggest Growth in the Far East. Zugriff am 10.01.2022. Verfügbar unter https://www.cs.princeton.edu/courses/archive/spring13/cos598C/idc-the-digital-universe-in-2020.pdf.

IBM Deutschland GmbH (o. J.), Business Intelligence. In: https://www.ibm.com/de-de/analytics/business-intelligence, abgerufen am 24.01.2022.

Klass, E. (2019), Data Mining und Text Mining: kleine Unterschiede, große Wirkung, Wirtschaftsinformatik & Management, 11. Jg., Nr. 4, S. 267-269.

Kohlhammer, J./May, T./Davey, J./Ruppert, T. (2010), Visual Analytics – Verbindung von Analyseverfahren und Visualisierungstechniken. IM – Die Fachzeitschrift für Information Management und Consulting, 25. Jg., Nr. 3, S. 10-17.

Kohlhammer, J./Proff, D. U./Wiener, A. (2016), Der Markt für Visual Business Analytics. In: *Gluchowski, P./Chamoni, P.* (Hrsg.), Analytische Informationssysteme: Business Intelligence-Technologien und -Anwendungen, 5. Aufl., Berlin, S. 303-323.

Novustat GmbH (2019), Data Mining Methoden - ein verständlicher Überblick über die wichtigsten Verfahren. In: https://novustat.com/statistik-blog/data-mining-methoden-ueberblick.html, abgerufen am 04.10.2021.

Novustat GmbH (2020), Künstliches neuronales Netz einfach erklärt: Lernen im Data Mining. In: https://bit.ly/3n9OBPq, abgerufen am 10.01.2022.

Olavsrud, T. (2021), Was ist Data Mining? - Data Mining kann Unternehmen im Datenzeitalter entscheidend voranbringen. Das müssen Sie zum Thema wissen. In: https://www.computerwoche.de/a/was-ist-data-mining,3551887, abgerufen am 11.10.2021.

Reuß, A./Zwiesler, H.-J. (2006), Ein generisches Kreislaufmodell zur Einbettung von Data-Mining-Analysen in die Geschäftsprozesse von Unternehmen – mit einem Fallbeispiel aus der Unfallversicherung. Zeitschrift für die gesamte Versicherungswissenschaft: Zeitschrift des Deutschen Vereins für Versicherungswissenschaft e.V., Vol. 95 (2006), S.201-229.

Seagate (2018), Prognose zum Volumen der jährlich generierten digitalen Datenmenge weltweit in den Jahren 2018 und 2025. In Statista: https://de.statista.com/statistik/daten/studie/267974/umfrage/prognose-zum-weltweit-generierten-datenvolumen/, abgerufen am 04.10.2021.

Talend Germany GmbH (2021), Data Mining: Definition, Vorteile und Beispiele. In: https://www.talend.com/de/resources/was-ist-data-mining/, abgerufen am 05.12.2021.

Tiedemann, M. (2020), Data Mining – Methoden und Beispiele aus der Praxis. In: https://www.alexanderthamm.com/de/blog/data-mining-methoden-einmaleins-und-beispiele-aus-der-praxis/, abgerufen am 05.12.2021.

Von der Hude, M. (2020), Predictive Analytics und Data Mining: Eine Einführung mit R, Berlin.

Wuttke, L. (o. J.), Data Mining: Algorithmen, Definition, Methoden und Anwendungsbeispiele. In: https://datasolut.com/was-ist-data-mining/, abgerufen am 29.12.2021.

BEI GRIN MACHT SICH IHR WISSEN BEZAHLT

- Wir veröffentlichen Ihre Hausarbeit,
  Bachelor- und Masterarbeit

- Ihr eigenes eBook und Buch -
  weltweit in allen wichtigen Shops

- Verdienen Sie an jedem Verkauf

Jetzt bei www.GRIN.com hochladen und kostenlos publizieren